Stadtarchiv Düsseldorf (Benedikt Mauer, Andrea Trudewind)

Die junge Landeshauptstadt
Düsseldorf in den 50er-Jahren

Wartberg Verlag

Landeshauptstadt Düsseldorf
Stadtarchiv

Titelbild:
Die „Aluminiumbrücke" für Fußgänger über die Cecilienallee verband bis 1967
das Messegelände rund um den Ehrenhof mit den temporären Ausstellungshallen
im Rheinpark. Hier eine Aufnahme von 1953.

Titelrückseite
Verkehrspolizist an der Ecke Königsallee und Schadowstraße, 1955.

Bildnachweis

3. Auflage 2021
Alle Rechte vorbehalten, auch die des auszugsweisen Nachdrucks
und der fotomechanischen Wiedergabe.
Layout und Satz: Christiane Zay, Potsdam
Druck: Rindt Druck, Fulda
Buchbinderische Verarbeitung: Buchbinderei S. R. Büge, Celle
© Wartberg-Verlag GmbH
34281 Gudensberg-Gleichen, Im Wiesental 1
Telefon: (0 56 03) 930 50
www.wartberg-verlag.de
ISBN 978-3-8313-3292-2

Inhalt

„Alle sollen besser leben" – der Wiederaufbau in Düsseldorf

Im Düsseldorf der 1950er-Jahre trafen Kontinuitäten auf neue Herausforderungen. Natürlich konzentrierte sich die Großstadt am Rhein zunächst auf den Wiederaufbau nach dem Zweiten Weltkrieg – dies gilt für den Städtebau an sich, aber auch hinsichtlich der Errichtung demokratischer Strukturen, einer funktionierenden Wirtschaft, des kulturellen Lebens und vieler weiterer Herausforderungen und Chancen, die nach dem Ende des sogenannten „Dritten Reichs" auf der Tagesordnung standen. Hinzu kam speziell für Düsseldorf eine neue, durch die britische Militärregierung ersonnene Aufgabe, denn mit der als „operation marriage" umschriebenen Gründung Nordrhein-Westfalens im Jahr 1946 – zu diesem Zeitpunkt noch ohne den Landesteil Lippe – wurde die Stadt zur Landeshauptstadt ernannt.

Schon seit dem ausgehenden 19. Jahrhundert war Düsseldorf eine bedeutende Industrie-, Verwaltungs- und Ausstellungsstadt, zudem ein wichtiger Verkehrsknotenpunkt zu Land, zu Wasser und auch in der Luft. Die bis heute so gerne kolportierte Selbst- und auch Fremdbeschreibung als „Schreibtisch des Ruhrgebiets" suggeriert eine Produktionsferne, die keinesfalls zu halten ist. Natürlich war der industrielle Kern Düsseldorfs nicht mit dem Bergbau und den daran anschließenden Industrien in den klassischen Ruhrgebietsstädten zu vergleichen. Aber die Stahlindustrie (hier vor allem die Röhrenwerke) und der Maschinen- und Anlagenbau sowie die Metall- und Autoindustrie waren im Verbund mit der chemischen Industrie und der Glasherstellung ökonomische Schwergewichte und Arbeitgeber für Zehntausende Menschen. Zugleich hatten einige Industrieverbände in der Tat ihren Sitz in Düsseldorf, so etwa der Stahlwerksverband, der Verein Deutscher Eisenhüttenleute und später – als Zusammenschluss mehrerer stahlverarbeitender Unternehmen – die Vereinigten Stahlwerke. Darüber hinaus war Düsseldorf seit dem ausgehenden 19. Jahrhundert ein wichtiger Bankenstandort. Administrativ war die Stadt insofern von Bedeutung, als sie seit Beginn der Preußenzeit Sitz der Bezirksregierung Düsseldorf und seit 1906 eines Oberlandesgerichts war. All dies prädestinierte die Stadt am Rhein zur Übernahme weiterer Aufgaben, zumal sie zwar schwer zerstört aus dem Zweiten Weltkrieg hervorging, im Vergleich aber etwa zum benachbarten Köln doch noch deutlich mehr an intakter Bausubstanz aufwies.

Wenn in diesem Bildband eine der wichtigsten deutschen Großstädte in den 1950er-Jahren vorgestellt und durch über 100 Impressionen näher gebracht wird, dann fällt eines sofort auf: Der Wiederaufbau war seit der Währungsreform 1948 und mit dem im selben Jahr initiierten „Marshallplan" in eine neue Phase eingetreten, hatte Fahrt aufgenommen und Schwung gewonnen. Natürlich sind zahlreiche Trümmergrundstücke und zerstörte Gebäude zu sehen, aber mit jedem weiteren Jahr schritt der Wiederaufbau unübersehbar voran.

Schon 1950 war die gröbste Trümmerräumung Geschichte, die allermeisten Straßen waren wieder befahrbar und neue Gebäude entstanden neben alten, oder man war dabei, alt durch neu zu ersetzen. Gegen Ende des Jahrzehnts war der Wiederaufbau zwar bei Weitem noch nicht abgeschlossen, aber nachdem mit Hochdruck an der Trümmerräumung und der Bereitstellung von

Wohnraum gearbeitet worden war – und auch in den 1960ern immer noch gearbeitet wurde – konnte man sich gegen Ende der 1950er-Jahre jenen Bereichen des Stadtbildes widmen, die zuvor nicht als vordringlich angesehen worden waren, wofür beispielhaft das Rathausareal oder Museen genannt seien. Mitgedacht wurden in jener Zeit die städtebaulichen mit dem erwartbar ansteigenden Individualverkehr erkennbaren Anforderungen an eine „autogerechte" Stadt. Der Primat des Autoverkehrs wurde nicht angezweifelt und fand seinen prägendsten Ausdruck in der Anlage der Berliner Allee, einer vierspurigen Magistrale samt Straßenbahnlinie, die es vor dem Krieg nicht gegeben hatte und die nun parallel zur Königsallee durch ehemalige Wohn- und Geschäftsbebauung geschlagen wurde.

Dabei soll nicht verschwiegen werden, dass der Wiederaufbau Düsseldorfs städteplanerisch zu einem ganz erheblichen Teil von Architekten erdacht und realisiert wurde, die in der Nazizeit Karriere gemacht hatten und diesen nun beinahe ungestört fortsetzen konnten. Besonders prominente Personen dieser Gruppe waren der langjährige Baudezernent Friedrich Tamms, der langjährige Leiter des Stadtplanungsamtes Julius Schulte-Frohlinde und der freiberuflich tätige Architekt Helmut Hentrich. Sie und viele andere in Düsseldorf tätige oder durch städtische Aufträge versorgte Architekten konnten stilistisch ihre Karriere im NS-Staat nicht verleugnen, weshalb sich für diesen rückwärtsgewandten Baustil die beschönigende Bezeichnung „Düsseldorfer Klassizismus" etablierte. Erst gegen Ende der 1950er fanden sie zur zeitgenössischen Architektursprache.

Das „Wirtschaftswunder" erfasste diese Stadt mit genau jenem Branchenmix, der in den kommenden Jahrzehnten und letztlich bis heute eine der besonderen Stärken Düsseldorfs ist. Die Stadt konnte sich – anknüpfend an Erfahrungen aus dem 19. und frühen 20. Jahrhundert – zudem einen Platz in der ersten Reihe der westdeutschen Ausstellungs- und Messestädte sichern und entdeckte den Flughafen endgültig als eine große ökonomische Chance. Einen großen Anteil am Wiederaufbau hatten auch die mehr als 100.000 Vertriebenen, die in der Stadt eine neue Heimat fanden. Als Hauptstadt des wirtschaftlichen Kernlands Westdeutschlands ließen sich hier zahlreiche Verbände und Interessenvertretungen nieder, der „Schreibtisch des Ruhrgebiets" wurde noch größer. Auch deshalb avancierte Düsseldorf zum Ziel zahlreicher Staatsgäste der Bundeshauptstadt, die einen Besuch in Bonn mit einer Visite in Düsseldorf verbanden.

Wenn es in Düsseldorf einen Ort gibt, der mit dieser Stadt beinahe klischeehaft in Verbindung gebracht wird, dann ist dies die Königsallee. Sie war selbst in den 1950er-Jahren in der Tat so etwas wie das Schaufenster Westdeutschlands. Wenn man Luxusprodukte sehen wollte (auch wenn man sie mangels Geld meist nicht kaufen konnte), dann hier. Schon 1949 bemerkte ein amerikanischer Journalist, dass sie inmitten der zerstörten Stadt „wie ein Bazar auf dem Friedhof" wirke und fuhr fort: „Die Läden in den übel zugerichteten oder eilig reparierten Häusern sind angefüllt mit Luxuswaren, die der Fifth Avenue würdig wären."

Der Wunsch nach Normalität zeigte sich in vielen Bereichen, zudem das Bestreben, auch in der Freizeit nahtlos an die Vorkriegszeit anzuknüpfen: Das Brauchtum in Gestalt zahlreicher Vereine verabschiedete sich vom „Führerprinzip" und lebte wieder auf, der Karneval ebenso. Kinos eröffneten neu oder wieder, der Sport kehrte zurück – ob beim Fußball mit Fortuna Düsseldorf, beim Eishockey mit der DEG oder den Galopprennen in Grafenberg.

Wenn beim Blättern in diesem Band eines auffällt, dann ist dies der große Unterschied zwischen Aufnahmen der Jahre 1950 und 1959. In diesen wenigen Jahren boomte der Wiederaufbau, der Wohlstand kehrte zurück.

Altstadt

Die Silhouette der Altstadt

Blick von der Oberkasseler Brücke auf die Altstadt im Jahr 1957. Im Hintergrund sind die Lambertuskirche, das Wilhelm-Marx-Haus und der Schlossturm erkennbar.

Das Brückengitter stammt noch aus dem Jahr der Erbauung 1898. Mittlerweile dienen Teile davon als Zaun am Kaiserteich auf der Höhe der Haroldstraße.

Die Mühlenstraße

Die Mühlenstraße – hier auf einer Aufnahme um 1950 – ist bis heute einer der „Zubringer" in die Altstadt. Das monumentale, 1921 fertiggestellte Land- und Amtsgericht im Hintergrund hat den Krieg recht gut überstanden. Anders sah dies bei der übrigen Bebauung aus, wobei die Stadtverwaltung die gegebenen Neubaumöglichkeiten nutzte, um unter anderem den im Vordergrund gelegenen Burgplatz zu vergrößern.

Kurze Straße

Wie aus der Zeit gefallen wirkt dieses Bild der „Kurze Straße" aus dem Jahr 1950. Kaum Autos, intakte Häuser – wäre da nicht ganz rechts oben die Fassade der schwer getroffenen Andreaskirche, deren Dach noch fehlt.

Das Levenhaus

Ein Touristenmagnet ist das Leven-, Liefer- oder Löwen-
haus – rechts im Bild um 1950 – nicht unbedingt.
Gleichwohl sollte man es kennen, denn sein Vorgängerbau war das älteste Profangebäude der Stadt und
existierte bereits, als das Dorf an der Düssel im Jahr
1288 die Stadtrechte erhielt.

Alte Kämmerei

In Düsseldorf wurde nach dem Krieg mehr abgerissen, als nötig gewesen wäre. So auch das am Marktplatz gelegene Haus in der Bildmitte (um 1952). Es musste zugunsten seines Nachbarn weichen, denn das in mehreren Etappen errichtete „Neue Rathaus" – heute „Alte Kämmerei" genannt – benötigte Platz. Umstritten war vor allem dessen Architekt Julius Schulte-Frohlinde, der im NS-Staat Karriere gemacht hatte.

Das Grupello-Haus am Marktplatz

Perspektivwechsel: Hier ist das Nachbargebäude des „Neuen Rathauses" (am rechten Bildrand angeschnitten) im Jahr 1954 bereits verschwunden, und der Blick fällt auf das „Alte Rathaus" mit seinem charakteristischen Treppenturm. Links steht noch das „Grupello-Haus", Wohn- und Arbeitshaus des Hofbildhauers von Kurfürst Johann Wilhelm (Jan Wellem). Auch dieses Gebäude verschwand Anfang der 1960er-Jahre, um nach seiner Niederlegung äußerlich fast originalgetreu wieder aufgebaut zu werden.

Das alte Rathaus

Nein, dies ist kein Foto aus den Jahren 1944 oder
1945. Das von 1570 bis 1573 erbaute „Alte Rathaus" hatte den Krieg zwar beschädigt, aber nicht
gänzlich zerstört überstanden. Es entsprach jedoch in
den Zeiten des „Wirtschaftswunders" nicht mehr den
Repräsentationsbedürfnissen der Stadtspitze. Und so
wurde es 1958 fast komplett entkernt und mit völlig
veränderter Raumaufteilung wieder aufgebaut.

Vor dem Alten Rathaus

Tauben kann man nicht nur im Park füttern,
sondern auch vor den Stufen des Alten Rathauses am Düsseldorfer Marktplatz. Das beweist dieses Foto aus dem Jahr 1956.

Wiederaufbau

Nissenhütten

Die rege Bautätigkeit sollte nicht darüber hinwegtäuschen, dass es noch viele Jahre nach dem Krieg Notunterkünfte gab, die mit der schönen, neuen Architektur gar nichts zu tun hatten.

Die besonders preiswerten „Nissenhütten" fanden sich 1951 auch am Meisenweg Ecke Krönerweg.

Bauarbeiter

Arbeitssicherheit war in der Nachkriegszeit kein großes Thema, auch nicht bei Abrissarbeiten, wie 1953 an der Ecke Friedrich-Ebert-Straße/ Karlstraße. Die Trümmer abgerissener Gebäude wurden größtenteils zunächst zum Aachener Platz gebracht, wo sie zum „Monte Klamott" aufgeschüttet wurden.

Vor dem Hauptbahnhof

Die Linie 15 auf der Fahrt nach Oberkassel an der Haltestelle Hauptbahnhof. Im Hintergrund erkennt man die Beseitigung von Kriegsschäden an der Empfangshalle des Hauptbahnhofes im Jahr 1953.

Berliner Allee

Die Berliner Allee im Bau, Blickrichtung nach Süden. An der Kreuzung Graf-Adolf-Straße mussten sich während der Bauarbeiten die Fußgänger ihren Weg über Holzbretter bahnen, wie hier im Juni 1955.

Ecke Schadowstraße und Blumenstraße

Der Vorgängerbau der heutigen Schadow-Arkaden hatte auch eine gewisse Eleganz, wie dieses Bild aus dem Jahr 1955 belegt. Allerdings wurde dort mehr produziert und weniger verkauft als heute, denn über Jahrzehnte befand sich dort nicht nur die Redaktion der „Rheinischen Post", was bis heute gilt, sondern auch deren Druckerei.

Haniel-Garage

Leichter und heller kann ein Haus kaum daherkommen. Die Lichtgarage von Paul Schneider-Esleben, auch „Haniel-Garage" genannt, an der Grafenberger Allee hat bis heute nichts von ihrer Eleganz verloren. 1951 erbaut, war sie das erste deutsche Parkhaus. Das Gebäude steht seit 1985 unter Denkmalschutz. Das Bild entstand 1955.

Immermannstraße

Während des Wiederaufbaus wurden viele nutzbare Häuser abgerissen, um sie durch höhere Bauten zu ersetzen und/oder die Straßen zu verbreitern. Dieses Nebeneinander ist auf dem 1956 entstandenen Bild der Immermannstraße gut zu erkennen. Während im Vordergrund alte Kriegsruinen abgerissen werden, steht im Hintergrund bereits das „Dommel-Hochhaus".

Dreischeibenhaus

Der Wiederaufbau war in Düsseldorf bis in die Mitte der 1950er-Jahre von konservativen Architekturvorstellungen geprägt, was nicht zuletzt an Architekten lag, die in der NS-Zeit Karriere gemacht hatten. Zu ihnen gehörte Helmut Hentrich, der während einer USA-Reise die moderne Architektur für sich entdeckte. Das erste „amerikanische" Haus in Düsseldorf ist das heute nicht mehr wegzudenkende „Dreischeibenhaus" am Gustaf-Gründgens-Platz, dessen Bau auf diesem Foto aus dem Jahr 1958 dokumentiert wird.

Mannesmann-Hochhaus

Das von Paul Schneider-Esleben entworfene neue Mannesmann-Hochhaus am Rheinufer zählte zusammen mit dem „Dreischeibenhaus" von Helmut Hentrich zu den innovativsten Bürobauten Düsseldorfs in den 1950er-Jahren. Sehr deutlich ist während der Bauarbeiten 1957 die am Betonkern angesetzte Stahlkonstruktion zu erkennen, für die natürlich Stahlrohre aus der Produktion des Bauherrn Verwendung fanden.

Verkehr

Ein Bahnübergang

Heutzutage gibt es kaum noch Bahnübergänge in Düsseldorf, was zum einen der Sicherheit geschuldet ist, zum anderen aber Wartezeiten vermeidet. Der auf einer Aufnahme aus dem Jahr 1953 zu sehende Bahnübergang an der Westfalenstraße in Rath ist mittlerweile durch einen Fußgängertunnel ersetzt und der Autoverkehr wird von einer anderen Straße ausgehend über die Gleise geführt.

Die Graf-Adolf-Straße

Die Graf-Adolf-Straße im Mai 1952 in Blickrichtung Hauptbahnhof. In der Bildmitte ein Pritschenwagen (ein Tempo-Dreirad oder ein Manderbach Condor), der von der Deutschen Bahn als Gepäckwagen genutzt wurde. Wer der „Dienstmann 13" an diesem Tag war, ließ sich nicht mehr rekonstruieren.

Das Kaiser-Wilhelm-Denkmal

Vor dem Bau der ersten U-Bahn konnte es auch im Jahr 1952 in der Innenstadt recht eng werden.

Das Kaiser-Wilhelm-Denkmal an der heutigen Heinrich-Heine-Allee wurde 1964 auf den Platz der Deutschen Einheit, 1997 schließlich vor das Justizministerium am Martin-Luther-Platz versetzt. Im Hintergrund ist am Gebäude des Kaufhofs die Beseitigung der Kriegsschäden zu erkennen.

Bau der Berliner Allee

Die spätere Berliner Allee, auf einer Aufnahme aus dem Jahr 1955, wurde zur Entlastung der Königsallee unter der Projektbezeichnung „Parallelstraße" auf Ruinengrundstücken durch die Innenstadt ge-

führt. Somit konnte die Straßenbahn von der Prachtmeile auf diese neue Magistrale verlegt werden, an der nach ursprünglicher Planung das Regierungsviertel errichtet werden sollte.

Pferdetränken

Mittlerweile wird Bier nicht mehr per Fuhr-
werk ausgeliefert: Pferdetränke an der Ecke
Wielandstraße mit Brauereipferden der
Dieterich-Brauerei im Jahr 1956. Einige
der Pferdetränken wurden, inzwischen natürlich ohne ihren ursprünglichen Nutzen,
restauriert und wiederaufgestellt.

Schülerlotsen

Mit der stetigen Zunahme des Autover-
kehrs in den „autogerechten" Städten der
Nachkriegszeit stellte sich das Problem der
Verkehrssicherheit speziell für die jüngeren
Fußgänger. Ab dem Jahr 1953 wurde der
Schülerlotsendienst aufgebaut. Das Foto
entstand im Jahr 1959.

Der Verkehrspolizist

Verkehrsregelung durch einen Polizisten an der Ecke Alleestraße (heute Heinrich-Heine-Allee) in Blickrichtung Flinger Straße um 1955. Am linken Bildrand ist die Seitenfront des noch nicht versetzten Carschhauses zu erkennen. Von einer Fußgängerzone war die Altstadt weit entfernt.

Das „Knöllchen"

1959: Ein Polizist mit Sommerhelm am Borgward – eine gewisse Eleganz wird man weder dem Auto, noch den beiden Personen absprechen können.

Ein Unfall

Der fährt erst einmal nicht mehr. Mit ausgelaufenem Kühlwasser und ziemlich zerbeult steht dieser Opel Kapitän 1957 auf der Vagedes-straße. Daneben vermutlich der Fahrer, der sich auf den Schreck erst einmal eine Zigarette gönnt.

Schadowstraße

Dieses Bild zeigt 1958 die Geschäftigkeit auf der Schadowstraße, die neben der Königsallee und der Flinger Straße zu den umsatzstärksten der gesamten Stadt zählt. Auch hier fand eine fast gänzliche Neubebauung statt. Am linken Bildrand ist ein Teil des Karstadt-Gebäudes erkennbar, für das die Ruine der „Tonhalle" niedergelegt wurde. An dieses traditionsreiche Konzerthaus erinnert bis heute die angrenzende Tonhallenstraße, sicherlich für nicht wenige Touristen verwirrend, befindet sich doch die heutige „Tonhalle" direkt am Rheinufer.

Oberkasseler Brücke

Blick vom Dach der Kunstakademie auf die provisorische Oberkasseler Brücke im Jahr 1952.

Nordbrücke

Blick nach Osten über die spätere Nordbrücke (heute Theodor-Heuss-Brücke) während des Baus 1955. Oben ist die Rampenführung zwischen den Hochhäusern an der Uerdinger Straße zu sehen, links ist der Yachthafen erkennbar.

Gaslaternen

Bis heute hat Düsseldorf die höchste Gas-
laternendichte in Deutschland. Besonders
schön ist das abgebildete Modell „Alt-
Düsseldorf", dem um 1955 offenbar Pfle-
ge zuteil wird. Vor der automatisierten all-
abendlichen Zündung musste jede Laterne
einzeln zum Leuchten gebracht werden.
Die dafür Zuständigen nannte man „Latä-
nepitscher".

Flughafen – Start

Eine Maschine der niederländischen Fluggesellschaft KLM startet
1950 vom Düsseldorfer Flughafen.

Flughafen – Betankung

Betanken eines Passagierflugzeugs. Im Hintergrund ist das Abfertigungsgebäude samt Tower zu erkennen, aufgenommen um 1953.

Kaufvergnügen

Der Wochenmarkt

Dieses nicht genau datierbare Foto, es müssten die 1950er-Jahre sein, zeigt den Wochenmarkt auf dem Carlsplatz. Wo heute auf einem der wichtigsten Feinschmeckermärkte auch Edelstes zum Verzehr angeboten wird, fanden sich seinerzeit Grundnahrungsmittel.

Ein Reformhaus

Auch bei den Reformhäusern machte sich das „Wirtschaftswunder" bemerkbar, wie um 1955 der Blick in ein gut sortiertes Geschäft auf der Graf-Adolf-Straße beweist.

Pariser Woche

Schon 1952 begannen mit der „Holland-Woche" Werbewochen europäischer Nachbarländer, die die große Welt, kulturell wie auch ökonomisch, wieder nach Düsseldorf brachten. Die „Pariser Woche" – hier im Kaufhof an der Kö – sorgte 1955 für neugierige Passanten.

Schaufensterbummel im August 1959.

Adventszeit

Der genaue Ort dieser Aufnahme ist nicht bekannt, offenbar entstand sie in der Vorweihnachtszeit des Jahres 1952. Die besonders bestaunte Modelleisenbahn mag in einem der großen Kaufhausschaufenster oder in einem der damals zahlreich vertretenen Spielwarengeschäfte gestanden haben.

Weihnachten

Früher war mehr Lametta: Vater und Sohn 1952 unter dem Christbaum, gleichermaßen vom Blechspielzeug fasziniert. Die Frage ist: Wem wurde die Autobahn mit den verschiedenen Fahrzeugen und die Tankstelle nun geschenkt? Beide scheinen fasziniert und einer spielt ...

Königsallee

Die Lichtburg

Bis zum Jahr 2004 war das Kino Lichtburg (aufgenommen um 1950) eine wahre Institution auf der Kö und gleichzeitig das letzte Relikt des Vergnügungscharakters, der diese Straße über Jahrzehnte neben der Einkaufsmöglichkeit auszeichnete.

Zweibrücker Hof

Eine Kellnerparade auf der Höhe des „Zweibrücker Hof" 1955. Interessanterweise dominieren bis heute auf der östlichen Seite der Königsallee Einzelhandel und Restaurants bzw. Cafés, während sich westlich des Stadtgrabens in erster Linie Banken und Verwaltungen niedergelassen haben.

Stadtgraben

Weihnachtsbeleuchtung auf den Brücken des Stadtgrabens an der Königsallee Ende 1953.

Die modebewusste Düsseldorferin

Sehen und gesehen werden ist bis heute eine
sportliche Disziplin vieler Kö-Besucher, und das
galt auch schon 1957. Allerdings muss man je
nach Erscheinungsbild, damals wie heute, natürlich damit rechnen, neben neugierigen auch skep-
tische Blicke auf sich zu ziehen.

Exotisches

Welcher Herr warum 1958 die Ostseite der Königsallee mit einem Geparden querte, konnte nicht geklärt werden. Dasselbe gilt für das linke, nicht exakt datierbare Bild, allerdings nur für das Äffchen mit Pfeife. Hunde hingegen finden sich dort bis heute als Begleiter der flanierenden Einheimischen oder Gäste. Den exotischen Tieren waren neugierige Blicke sicher, und daran hat sich bis heute nichts geändert.

Freizeitspaß

Der Hofgarten

Die Mittagspause im Hofgarten wird 1950 für Handarbeiten genutzt. Im Hintergrund ist die zerstörte Häuserzeile an der heute nicht
mehr existierenden Hofgartenstraße zu sehen. Die Ruinen mussten

wenige Jahre später dem Jan-Wellem-Platz weichen. Seit 2013 steht
dort der „Kö-Bogen".

Im Ehrenhof

Das Bild weckt mediterrane Assoziationen, tatsächlich wurde es 1953 im Ehrenhof mit Blick auf die heutige Tonhalle aufgenommen.

Fatty's Atelier

Es gibt Künstlerkneipen, die zur Legende wurden. Eine davon war „Fatty's Atelier" an der Hunsrückenstraße in der Altstadt, in der unter anderem die Künstlergruppe Zero um Heinz Mack, Gerhard Richter, Günther Uecker und Otto Piene ein- und ausging. Das Bild entstand um 1950.

Ausflugslokale

Nicht weit entfernt vom Wildpark war die Gaststätte „Waldschlöss-chen" zu finden, im Vordergrund die Terrasse, im Hintergrund das Restaurant „Wolfsschlucht". Im „Wirtschaftswunderland" gehörte der Sonntagsausflug wieder zum wöchentlichen Ritual und sorgte für volle Restaurants, wie dieses Bild aus dem Jahr 1955 belegt. Heute sind beide Restaurants verschwunden.

Am Rhein

Um 1955 entfaltet der Rhein wie heute eine ungeheure Anziehungs-
kraft auf Flanierende. Im Vordergrund Bootshäuser und Bootsrestau-
rants auf der Höhe des Rheinparks mit Blickrichtung auf die Altstadt.

Der Industriebrunnen

Kinder alleine unterwegs, unbeaufsichtigt! Viele Mädchen und Jungen waren an den Nachmittagen auf sich gestellt. Das war nicht nur von Nachteil. Offenbar war für die Kinder auf diesem Foto der Industriebrunnen am Fürstenplatz ein beliebter Treffpunkt. Er gehört zu den Exponaten, die auf Düsseldorfer Ausstellungen und Messen präsentiert wurden und anschließend einen dauerhaften Platz in der Stadt fanden.

Er wurde anlässlich der „Großen Kunstausstellung" 1913 vor dem heutigen Kunstpalast aufgestellt. Nach einer mehrjährigen Einlagerung wurden kurz vor Beginn des Zweiten Weltkriegs die drei Bronzeskulpturen Schmied „Vulkan" (im Bild), Bergmann und Hüttenarbeiter am heutigen Standort wiederaufgestellt.

Ein Spielplatz

Es muss nicht nur eine Schaukel sein, Spielplätze mit großem Spielzeug sind auch beliebt. Beleg dafür ist diese Lokomotive der Gerresheimer Glashütte auf dem Spielplatz an der heute nicht mehr existierenden Kreuznacher Straße, aufgenommen 1955.

Ein Wasserspielplatz

In der Nachkriegszeit waren Freibäder Mangelware und das Baden im Rhein nicht empfehlenswert. Wasserspielplätze wie der am alten Bilker Friedhof im Jahr 1956 konnten Ersatz und kühles Nass bieten.

Die Stadtbücherei

Die Stadtbücherei Stadtmitte öffnete 1954 an der völlig neu entstandenen Berliner Allee die Pforten, einer Straße, die durch Trümmergelände geschlagen worden war. Drei Jahre später entstand diese Aufnahme. Bis heute zählen die Stadtbüchereien – seit 1985 nicht mehr an der Berliner Allee – zu den besucherstärksten Kulturinstituten. Sie sind ein wichtiger Bestandteil der Freizeitgestaltung und bedeutender Lernort.

Gut informiert

Ob gestellt, als Werbung dienend oder doch ein Schnappschuss – man wird es nicht mehr klären können. Und auch nicht, warum 1951 ausschließlich Frauen die „Düsseldorfer Nachrichten" lesen.

Das Fischerhaus

Seit vielen Jahren verschwunden und nach wie vor vermisst: das 1958 bildlich dokumentierte „Fischerhaus" samt Bootsverleih am Schwanenspiegel.

Auf der Galopprennbahn

Im Sonntagsstaat und im Wettfieber – drei Rennpferdbegeisterte an der Galopprennbahn in Grafenberg am 1. Juni 1958.

Der Wildpark

In hochindustrialisierten Städten – und zu diesen zählt Düsseldorf seit dem ausgehenden 19. Jahrhundert – gab es stets Bestrebungen, Grünflächen zur Erholung zu erhalten oder anzulegen. Der Wildpark im Grafenberger Wald bietet seit 1927 Erholung und Naturerfahrung. Bis heute können dort, wie im Jahr 1958, auf 36 Hektar zahlreiche freilaufende Tiere bestaunt, gestreichelt und gefüttert werden.

Brauchtum

Der Martinsumzug

In vielen Städten des Rheinlands wird bis heute die Tradition des Martinsumzugs hochgehalten. In Düsseldorf gibt es nicht nur den einen großen Umzug in der Altstadt, sondern zahlreiche weitere in den Stadtteilen. In der ersten Novemberhälfte sollte man sich daher – wie schon 1957 – in den Abendstunden auf Verkehrsbehinderungen einstellen, die aber gerne hingenommen werden.

Der Hoppeditz

Immer am 11.11. erwacht der Düsseldorfer Hoppeditz und lässt damit die „närrische Zeit" beginnen. Hier wird er 1955 von Kurt Poschinger dargestellt. Damals wie heute findet dieses Spektakel – das sich alljährlich durch eine bissig-humorige Rede auszeichnet – auf dem Marktplatz vor dem Jan-Wellem-Denkmal statt.

Die Schilder auf dem Wagen: MODE 1930-40 UNTEN NACKT, MODE 1940-50 OBEN NACKT, MODE 1950-60 MITTE NACKT, MODE 1960-70 JETZT SCHON POLIZEILICH VERBOTEN! — MODEBERICHT — 11

Der Rosenmontagszug 1950

Nach einer „Närrischen Parade" im Jahr 1949 fand 1950 der erste richtige Rosenmontagszug nach dem Zweiten Weltkrieg in Düsseldorf statt. Und auf diesem Foto der „polizeilich verbotenen Mode" zwei Jahre später deutet sich bereits vorsichtig an, wofür er bis heute besonders steht: einen speziellen Humor, Hintergründigkeit und Spottlust. Dass dieser Wagen mit dem Thema „Mode" ausgerechnet über die Königsallee fährt – im Hintergrund ist das Parkhotel zu sehen –, muss natürlich nur Zufall sein ...

Das Tonnenrennen

Mindestens genauso wichtig wie der große Rosenmontagszug in der Innenstadt sind die zahlreichen Veranstaltungen in den Stadtteilen. Besonders originell ist bis heute das „Tonnenrennen" in Niederkassel. Jauchefässer müssen seit weit über 100 Jahren auf Schubkarren durch die Straßen gefahren werden, so auch 1959. Natürlich zählt Schnelligkeit, aber wenn die Füße in Holzschuhen stecken und als Erfrischung nicht nur Wasser gereicht wird, ist das leichter gesagt als getan.

Eine Fußgruppe

Närrische Fußgruppe im Rosenmontagszug auf der Königsallee im Jahr 1955.

Kleine Narren

Es gibt Bilder, die eigentlich keinen Kommentar benötigen: Zwei kleine Narren um 1955 an der Brüstung der Rheinuferpromenade.

Die Rheinkirmes

Sie nennt sich gerne „Größte Kirmes am Rhein", und das dürfte durchaus stimmen. Auch sie hat – wie so viele Kirmesveranstaltungen – einen religiösen Ursprung und wird bis heute maßgeblich durch den St. Sebastianus-Schützenverein auf den Oberkasseler Rheinwiesen organisiert. Nicht immer ist Ende Juli hochsommerliches Wetter wie auf dieser Aufnahme aus dem Jahr 1951. Sollte dies aber der Fall sein, ist eine Wasserbahn zur Abkühlung durchaus hilfreich.

Radschlagen

Natürlich hat Düsseldorf bekannte städtebauliche Wahrzeichen, so etwa die Königsallee und den Schlossturm. Aber auch ein Sport, das Radschlagen, ist ein solches Wahrzeichen. Seine Ursprünge sind unklar, viele Legenden ranken sich um seine Entstehung. Nachgewiesen ist, dass sich viele Kinder noch in den 50er-Jahren damit ihr Taschengeld aufbesserten, hier im Jahr 1955.

Schützenfest

Wir wissen nicht genau, wo dieses Foto aufgenommen wurde, der Erwachsene gehört aber wahrscheinlich der Gesellschaft Germania im St. Sebastianus Schützenverein an und setzte dem Jungen in Lederhosen am 20. Juli 1959 den Zylinder auf. Und möglicherweise ist der junge Herr mittlerweile im selben Schützenverein angekommen.

Theater und bildende Kunst

Gustaf Gründgens

Im Jahr 1947 wurde der gebürtige Düsseldorfer Gustaf Gründgens Intendant des Düsseldorfer Schauspielhauses. Es war sein erstes Engagement nach seiner Berliner Intendantenzeit, in der er durch Hermann Göring besonders gefördert worden war. Auch in Düsseldorf stand er auf der Bühne, bis er 1955 nach Hamburg wechselte. Aufgenommen 1953.

Das alte Stadttheater

Das heutige Opernhaus an der Heinrich-Heine-Allee hätte äußerlich erhalten werden können, allerdings war die Wertschätzung für historistische Architektur in den Wiederaufbaujahren eher mäßig. Und so blieb im Kern nur der Bühnenbereich erhalten, der Zuschauerraum samt Foyer wurde 1954 gänzlich abgerissen.

Das neue Opernhaus

Das ehemalige Stadttheater, bis dahin ein Drei-Sparten-Haus, diente nach seinem Wiederaufbau ausschließlich als Oper. Blick in das Foyer anlässlich der Wiedereröffnung 1956, an den Wänden Fresken von Robert Pudlich, an den Decken Glasleuchter aus Sachsen.

Die Tonhalle

Die heutige Tonhalle, das Konzerthaus der Stadt, hat eine wechselvolle Geschichte hinter sich: Zunächst als Planetarium und Veranstaltungsort erbaut, wurde sie im Krieg zerstört, dann als Rheinhalle wieder aufgebaut und – wie auf diesem Bild aus dem Jahr 1955 zu sehen – als Mehrzwecksaal genutzt. In den 1970er-Jahren erfolgte eine nochmalige Entkernung samt völlig veränderter Innengestaltung.

Die Kunstakademie

Was wäre Düsseldorf ohne seine traditionsreiche, letztlich bis in das Jahr 1773 zurückreichende Kunstakademie am Eiskellerberg? Bis heute ist sie eine der ersten Adressen ihrer Art in Deutschland und zieht zahlreiche Studierende an, hier im Jahr 1951. Die Öffentlichkeit kann sich meist im Februar beim „Rundgang" selbst ein Bild von den Werken der jungen Künstlerinnen und Künstler machen.

Die alte Kunsthalle

Die 1881 eingeweihte Kunsthalle hätte wiederhergestellt werden können, wurde allerdings 1959 zugunsten eines Neubaus in nächster Nähe abgerissen. Zuvor jedoch rettete man Teile des Portalschmucks, weshalb der Eingangsbereich eingerüstet wurde. Heute befindet sich am Standort der alten Kunsthalle der Grabbeplatz.

Das Kom(m)ödchen

Düsseldorf steht durchaus klischeebefrachtet für Mode, Konsum und Schickimicki, politisches Kabarett bringen nur wenige mit der Stadt in Verbindung. Aber genau dafür steht das von Kai und Lore Lorentz begründete „Kom(m)ödchen" seit mittlerweile mehr als 70 Jahren und nun in der nächsten Generation. Zahllose Kabarettisten und Schauspieler hatten hier ihre ersten Auftritte. Diese Aufnahme entstand um 1950.

Das Schauspielhaus Düsseldorf

Das „Schauspielhaus Düsseldorf" war von 1905 bis 1933 das bedeutendste Privattheater der Stadt, missfiel jedoch den Nationalsozialisten und musste schließen. Zudem galt sein Geschäftsführer Gustav Lindemann nach NS-Ideologie als Jude.

Lindemann überlebte die Shoah, das Theater jedoch wurde zerstört, und 1954 wurden die an der Ecke Kasernenstraße/Karl-Theodor-Straße befindlichen Reste abgetragen.

Sport

Fußball

Angespannte Gesichter des Publikums beim Fußballspiel Offenbacher Kickers – HSV am 4. Juni 1950. Es endete 3:2.

Toni Turek

„Toni Turek – Fußballgott". Diesen Titel
trug der Torhüter von Fortuna Düsseldorf
seit der 1954 gewonnenen Fußballwelt-
meisterschaft, dem „Wunder von Bern". Ob
das Autogramm im selben Jahr gegeben
wurde, muss offen bleiben.

Eiskunstlauf

Olympiasieger im Eiskunstlauf für Paare: Ria und Paul Falk holten bei den Winterspielen 1952 in Oslo die Goldmedaille. Am 3. März 1952 fand der Empfang in Düsseldorf statt.

Auf der Rennbahn

Der ehemalige britische Premierminister Winston Churchill (1. Reihe, 2. v. r.) auf der Rennbahn in Düsseldorf-Grafenberg, wo am 29. Juli 1956 eines seiner Rennpferde lief. Neben Churchill nahm Bundesinnenminister Gerhard Schröder Platz.

Deutsche Leichtathletikmeisterschaften

Was auf den ersten Blick wie eine akrobatische Vorführung anmutet, hat einen ganz anderen Hintergrund: Zu sehen sind die Zeitnehmer bei den Deutschen Leichtathletikmeisterschaften 1957 im Rheinstadion. Damit sie einander nicht den Blick versperren, sitzen sie auf einer provisorischen Tribüne.

Politik

Die Drupa

Besuch des Bundeswirtschaftsministers Ludwig Erhardt (3. v. r.) anlässlich der ersten Drupa-Messe 1951 im Ehrenhof. Die Drupa (Druck und Papier) zählt bis heute zu den größten Messen im Bereich der Printmedien weltweit. V. r.: Ministerpräsident Karl Arnold, Drupa-Präsident Hubert Sternberg, Ludwig Erhardt, Oberbürgermeister Josef Gockeln.

Maikundgebung

Als Landeshauptstadt war und ist Düsseldorf ein bevorzugter Ort für Demonstrationen. Beleg hierfür ist etwa die Maikundgebung 1951 des Deutschen Gewerkschaftsbundes auf der Reitallee des Hofgar-

tens. Im Hintergrund ist das stark beschädigte Schloss Jägerhof zu erkennen.

Das ehemalige Ständehaus

Das junge Bundesland benötigte dringend ein angemessenes Parlamentsgebäude. Das im Krieg schwer beschädigte ehemalige Ständehaus am Kaiserteich (Provinziallandtag der Rheinlande) bot sich hierfür an. Im Jahr 1949 konnte es bezogen werden, die Aufnahme datiert aus dem Jahr 1951.

Der Plenarsaal

Um 1955: Blick von der Be-
suchergalerie in den Plenar-
saal während einer Sitzung.

Ein Staatsempfang

In der Landeshauptstadt werden bis heute hochrangige Gäste empfangen. Besonders während der „Bonner Republik" nutzten viele Staatsgäste die geringe Distanz zwischen der Bundeshauptstadt und Düsseldorf, um mit der Regierung des wirtschaftsstärksten Bundeslandes zu sprechen. Am 19. September 1956 werden im Schloss Benrath der griechische König Paul I. und Königin Friederike durch Ministerpräsident Fritz Steinhoff begrüßt.

Messe und Ausstellungen

Das alte Messegelände

Als Kaiser Napoleon im Jahr 1811 Düsseldorf besuchte, wurde eine Gewerbeschau veranstaltet, um ihm die Stärke der regionalen Wirtschaft zu präsentieren. Seither ist Düsseldorf zu einer der wichtigsten Ausstellungs- und Messestädte Deutschlands avanciert. Das auf einer

Aufnahme aus dem Jahr 1955 zu sehende Messegelände wird heute in erster Linie durch den Kunstpalast genutzt, die Behelfshallen in der Bildmitte sind mittlerweile verschwunden. Im Hintergrund ist die im Bau befindliche Nordbrücke (heute Theodor-Heuss-Brücke) erkennbar.

Die Stahlbrücke

Die Deutsche Funkausstellung lockte im Jahr 1950 zahlreiche Besucher auf das Ausstellungsgelände im Ehrenhof. Über eine Mannesmannstahlbrücke konnten sie direkt und ohne den Verkehr zu behindern die Rheinhalle – heute Tonhalle – erreichen.

Deutsche Funkausstellung 1950

Blick vom Dach der heutigen Tonhalle auf die Besuchermassen im
Ehrenhof. Rechts die Mannesmannstahlbrücke.

Café im Ehrenhof

Deutsche Funkausstellung 1950: Ein Terrassen-Café auf dem Ausstellungsgelände im Ehrenhof.

Die Aluminiumbrücke

Unglaublich beliebt war die sogenannte „Aluminiumbrücke", die die temporären Ausstellungshallen im Rheinpark mit dem eigentlichen Ausstellungsgelände verband und die Cecilienallee elegant querte.

Weil sie aufgrund ihrer Durchfahrthöhe dem LKW-Verkehr im Weg war, verschwand sie im Jahr 1967. Aufnahme aus dem Jahr 1953.

„Alle sollen besser leben"

Zur Ausstellung „Alle sollen besser leben"
wird 1953 nahe der behelfsmäßig wie-
deraufgebauten Oberkasseler Brücke ein
Triebwagen der DB aufgestellt. Vermutlich
handelt es sich um eines der ersten Exemp-
lare der legendären Baureihe „Elektrotrieb-
wagen 56".

Ballonfahrten

Bei der Ausstellung „Alle sollen besser leben"
gab es die eine oder andere Attraktion zu be-
staunen. So bot die Ausstellungsgesellschaft
NOWEA (Nordwestdeutsche Ausstellungsgesellschaft), Vorläuferin der heutigen Messe
Düsseldorf, Ballonfahrten an.

Die Modemesse

Elegante Mannequins präsentieren auf der Modemesse 1955 die Modelle der kommenden Saison.

Wirtschaft und Arbeit

Alte Parolen

Alte Parolen im Wiederaufbau: Bauarbeiter verbringen ihre Pause am oberirdischen Element des Bunkers am Carlsplatz. Die Durchhalteparole wirkt circa fünf Jahre nach Kriegsende wie aus der Zeit gefallen: „Männer im Alter von 16–70 Jahren gehören in den Einsatz, nicht in den Bunker."

Waschtag

Waschtag einer Hausfrau um 1950. In einem großen mit Feuer beheizten Waschkessel wird die Wäsche gekocht.

Stadtteil Hamm

Auch das ist Arbeit: Kinder auf dem Weg zur Schule. Bis heute gibt es nicht wenige ländlich geprägte Düsseldorfer Stadtteile. Dazu gehört auch das traditionsbewusste Hamm (um 1950), das sich bis heute seinen eigenen, teils dörflichen Charme bewahrt hat.

Gewächshäuser

Wo heute das Rechenzentrum der Ergo-Versicherung steht, wurden 1953 noch Pflanzen gezüchtet: Gewächshäuser des Gartenamts am südlichen Rand des Golzheimer Friedhofs. Im Hintergrund das Atelierhaus an der Sittarder Straße.

Altstadt

Blick von der Oberkasseler Brücke auf die Altstadt 1951. Auf den ersten Blick erkennbar ist einer der letzten Raddampfer an der Spitze eines Schleppverbands. Am linken Bildrand ist der Turm von St. Lambertus während der Wiederherstellung zu sehen, daneben die Ruine des Schlossturms.

Berger Hafen

Als Industrie- und Handelsstadt profitiert Düsseldorf von seiner Lage am Rhein. Wie in jeder größeren Stadt an einem Fluss wurde ein Hafen angelegt, der hiesige im ausgehenden 19. Jahrhundert. Der Blick fällt in dieser Aufnahme des Jahres 1957 auf den Berger Hafen (auch Petroleumhafen genannt), der im Zuge des Landtagsneubaus 1980 zugeschüttet wurde.

DKW

Düsseldorf war nicht nur ein bedeutender Standort der Schwerindustrie und des Maschinenbaus, auch Autos wurden und werden produziert. 1949 errichtete die Auto Union eine Fabrik an der Heinrich-

Ehrhardt-Straße und produzierte Zweiräder und Autos der Marke DKW, hier im Jahr 1952. 1956 wurde das Werk von der Daimler AG übernommen.

Das Untere Rheinwerft

1902 war das Untere Rheinwerft fertiggestellt. Da es nun auch über einen Gleisanschluss verfügte, konnten von hier aus unterschiedlichs-te Stückgüter von der Schiene auf Schiffe verladen werden, so auch noch im Jahr 1957.

Zeitschriften

Ein Zeitschriftenverkäufer im Einsatz: Was heute mehr und mehr digital konsumiert wird und fast nichts wiegt, wurde 1951 händisch vertrieben. Und ein wenig Zeit zur Lektüre scheint dieser Verkäufer gehabt zu haben. Den Titel des „Spiegel" ziert ein Foto von Vivien Leigh, die durch ihre Rolle als Scarlett O'Hara im Film „Vom Winde verweht" Weltruhm erlangte.

Gerresheimer Glashütte – der Flaschenhersteller

Die Gerresheimer Glashütte war zeitweise der weltweit größte Flaschenhersteller und der mit Abstand größte Arbeitgeber in Gerresheim bzw. seit der Eingemeindung des östlichen Düsseldorf 1909. Der Zuzug spezialisierter Arbeitskräfte v.a. aus dem östlichen Mitteleuropa führte sogar zu einem eigenen Dialekt, dem inzwischen fast ausgestorbenen „Hötter Platt".

Gerresheimer Glashütte – eine Milchration

Milchausgabe in der Gerresheimer Glashütte. Wie Bergleuten stand
auch den Glashüttenarbeitern eine Milchration zu.

Einkaufen

Ablenkung auf dem Weg zum Einkauf. Hier bestaunt dieser Junge 1957 die Comicfigur „Mecki", einen Igel, der ab 1949 das Programm einer bekannten Radio- und Fernsehzeitschrift kommentierte.

Hostessen

Hostessen der Düsseldorfer Messe bei Werbeaufnahmen vor dem Café Bittner auf der Kö. Dass diese Aufnahme am 16. Mai 1959 vom Düsseldorfer Fotografen Dolf Siebert gemacht wurde, ist belegt. Der Name seines hochgewachsenen Kollegen auf dem Café-stuhl ist allerdings nicht überliefert.

Weitere Bücher über Ihre Region

**Aufgewachsen in Düsseldorf
in den 40er und 50er Jahren**
Wulf Metzmacher
64 Seiten, zahlr. farb. und schw.-w. Fotos
ISBN 978-3-8313-1843-8

**Düsseldorf – einfach Spitze!
100 Gründe, stolz auf diese Stadt zu sein**
Thomas Bernhardt
104 Seiten, zahlr. Farbfotos
ISBN 978-3-8313-2900-7

**Aufgewachsen in Düsseldorf
in den 60er und 70er Jahren**
Thomas Bernhardt, Wolfgang Schmitz
64 Seiten, zahlr. farb. u. schw.-w. Fotos
ISBN 978-3-8313-1845-2

**Entlang des Rheins – Eine Reise
in historischen Bildern**
Jörg Koch
96 Seiten, schw.-w. Fotos
ISBN 978-3-8313-3220-5

Wartberg-Verlag GmbH
Im Wiesental 1 | 34281 Gudensberg
www.wartberg-verlag.de

Bücher für Deutschlands Städte und Regionen
Tel. 0 56 03-93 05 0
Fax 0 56 03-93 05 28